Spirit: ....

Cocktail Name: ....

Type: ....

C000099406

Ingredients:

....

....

....

....

....

....

....

Garnish: ....

Mixing Method:

....

....

....

....

....

....

Glass:

Additional Notes:

....

....

Spirit: ....

Cocktail Name: ....

Type: ....

Ingredients:

....
....
....
....
....
....
....

Garnish: ....

Mixing Method:

....
....
....
....
....
....
....

Glass:

Additional Notes:

....
....

Spirit: ....

Cocktail Name: ....

Type: ....

Ingredients:

....

....

....

....

....

....

....

Garnish: ....

Mixing Method:

....

....

....

....

....

....

....

Glass:

Additional Notes:

....

....

Spirit: ....

Cocktail Name: ....

Type: ....

Ingredients:

....
....
....
....
....
....
....

Garnish: ....

Mixing Method:

....
....
....
....
....
....

Glass:

Additional Notes:

....
....

Spirit: ....

Cocktail Name: ....

Type: ....

Ingredients:

....

....

....

....

....

....

....

Garnish: ....

Mixing Method:

....

....

....

....

....

....

Glass:

Additional Notes:

....

....

Spirit: ....

Cocktail Name: ....

Type: ....

Ingredients:

....
....
....
....
....
....
....

Garnish: ....

Mixing Method:

....
....
....
....
....
....
....

Glass:

Additional Notes:

....
....

Spirit: ....

Cocktail Name: ....

Type: ....

Ingredients:

....

....

....

....

....

....

....

Garnish: ....

Mixing Method:

....

....

....

....

....

....

Glass:

Additional Notes:

....

....

Spirit: ....

Cocktail Name: ....

Type: ....

Ingredients:

....

....

....

....

....

....

....

Garnish: ....

Mixing Method:

....

....

....

....

....

....

....

Glass:

Additional Notes:

....

....

Spirit: ....

Cocktail Name: ....

Type: ....

Ingredients:

....

....

....

....

....

....

....

Garnish: ....

Mixing Method:

....

....

....

....

....

....

....

Glass:

Additional Notes:

....

....

Spirit: ....

Cocktail Name: ....

Type: ....

Ingredients:

....

....

....

....

....

....

....

Garnish: ....

Mixing Method:

....

....

....

....

....

....

....

Glass:

Additional Notes:

....

....

Spirit: ....

Cocktail Name: ....

Type: ....

Ingredients:

....

....

....

....

....

....

....

Garnish: ....

Mixing Method:

....

....

....

....

....

....

Glass:

Additional Notes:

....

....

Spirit: ....

Cocktail Name: ....

Type: ....

Ingredients:

....

....

....

....

....

....

Garnish: ....

Mixing Method:

....

....

....

....

....

....

Glass:

Additional Notes:

....

....

Spirit: ....

Cocktail Name: ....

Type: ....

Ingredients:

....

....

....

....

....

....

....

Garnish: ....

Mixing Method:

....

....

....

....

....

....

Glass:

Additional Notes:

....

....

Spirit: ....

Cocktail Name: ....

Type: ....

Ingredients:

....

....

....

....

....

....

....

Garnish: ....

Mixing Method:

....

....

....

....

....

....

....

Glass:

Additional Notes:

....

....

Spirit:

Cocktail Name:

Type:

Ingredients:

Garnish:

Mixing Method:

Glass:

Additional Notes:

Spirit: ....

Cocktail Name: ....

Type: ....

Ingredients:

....

....

....

....

....

....

....

Garnish: ....

Mixing Method:

....

....

....

....

....

....

....

Glass:

Additional Notes:

....

....

Spirit: ....

Cocktail Name: ....

Type: ....

Ingredients:

....

....

....

....

....

....

Garnish: ....

Mixing Method:

....

....

....

....

....

....

Glass:

Additional Notes:

....

....

Spirit: ....

Cocktail Name: ....

Type: ....

Ingredients:

....

....

....

....

....

....

Garnish: ....

Mixing Method:

....

....

....

....

....

....

....

Glass:

Additional Notes:

....

....

Spirit:

Cocktail Name:

Type:

Ingredients:

Garnish:

Mixing Method:

Glass:

Additional Notes:

Spirit: ....

Cocktail Name: ....

Type: ....

Ingredients:

....
....
....
....
....
....
....

Garnish: ....

Mixing Method:

....
....
....
....
....
....
....

Glass:

Additional Notes:

....
....

Spirit: ....

Cocktail Name: ....

Type: ....

Ingredients:

....

....

....

....

....

....

Garnish: ....

Mixing Method:

....

....

....

....

....

....

Glass:

Additional Notes:

....

....

Spirit: ....

Cocktail Name: ....

Type: ....

Ingredients:

....

....

....

....

....

....

....

Garnish: ....

Mixing Method:

....

....

....

....

....

....

....

Glass:

Additional Notes:

....

....

Spirit: ....

Cocktail Name: ....

Type: ....

Ingredients:

....

....

....

....

....

....

....

Garnish: ....

Mixing Method:

....

....

....

....

....

....

....

Glass:

Additional Notes:

....

....

Spirit:

Cocktail Name:

Type:

Ingredients:

Garnish:

Mixing Method:

Glass:

Additional Notes:

Spirit: ....

Cocktail Name: ....

Type: ....

Ingredients:

....

....

....

....

....

....

....

Garnish: ....

Mixing Method:

....

....

....

....

....

....

....

Glass:

Additional Notes:

....

....

Spirit:

Cocktail Name:

Type:

Ingredients:

Garnish:

Mixing Method:

Glass:

Additional Notes:

Spirit: ....

Cocktail Name: ....

Type: ....

Ingredients:

....

....

....

....

....

....

....

Garnish: ....

Mixing Method:

....

....

....

....

....

....

....

Glass:

Additional Notes:

....

....

Spirit: ....

Cocktail Name: ....

Type: ....

Ingredients:

....
....
....
....
....
....
....

Garnish: ....

Mixing Method:

....
....
....
....
....
....
....

Glass:

Additional Notes:

....
....

Spirit: ....

Cocktail Name: ....

Type: ....

Ingredients:

....

....

....

....

....

....

....

Garnish: ....

Mixing Method:

....

....

....

....

....

....

....

Glass:

Additional Notes:

....

....

Spirit: ....

Cocktail Name: ....

Type: ....

Ingredients:

....
....
....
....
....
....
                                          ....

Garnish: ....

Mixing Method:

....
....
....
....
....
....
....

Glass:

Additional Notes:

....
....

Spirit: ....

Cocktail Name: ....

Type: ....

Ingredients:

....

....

....

....

....

....

....

Garnish: ....

Mixing Method:

....

....

....

....

....

....

....

Glass:

Additional Notes:

....

....

Spirit: ....

Cocktail Name: ....

Type: ....

Ingredients:

....

....

....

....

....

....

....

Garnish: ....

Mixing Method:

....

....

....

....

....

....

Glass:

Additional Notes:

....

....

Spirit: ....

Cocktail Name: ....

Type: ....

Ingredients:

....

....

....

....

....

....

....

Garnish: ....

Mixing Method:

....

....

....

....

....

....

....

Glass:

Additional Notes:

....

....

Spirit: ....

Cocktail Name: ....

Type: ....

Ingredients:

....

....

....

....

....

....

....

Garnish: ....

Mixing Method:

....

....

....

....

....

....

....

Glass:

Additional Notes:

....

....

Spirit: ....

Cocktail Name: ....

Type: ....

Ingredients:

....

....

....

....

....

....

....

Garnish: ....

Mixing Method:

....

....

....

....

....

....

Glass:

Additional Notes:

....

....

Spirit: ....

Cocktail Name: ....

Type: ....

Ingredients:

....

....

....

....

....

....

....

Garnish: ....

Mixing Method:

....

....

....

....

....

....

....

Glass:

Additional Notes:

....

....

Spirit: ....

Cocktail Name: ....

Type: ....

Ingredients:

....

....

....

....

....

....

....

Garnish: ....

Mixing Method:

....

....

....

....

....

....

Glass:

Additional Notes:

....

....

Spirit: ....

Cocktail Name: ....

Type: ....

Ingredients:

....

....

....

....

....

....

....

Garnish: ....

Mixing Method:

....

....

....

....

....

....

Glass:

Additional Notes:

....

....

Spirit:

Cocktail Name:

Type:

Ingredients:

Garnish:

Mixing Method:

Glass:

Additional Notes:

Spirit: ....

Cocktail Name: ....

Type: ....

Ingredients:

....
....
....
....
....
....
....

Garnish: ....

Mixing Method:

....
....
....
....
....
....

Glass:

Additional Notes:

....
....

Spirit: ....

Cocktail Name: ....

Type: ....

Ingredients:

....

....

....

....

....

....

....

Garnish: ....

Mixing Method:

....

....

....

....

....

....

....

Glass:

Additional Notes:

....

....

Spirit: ....

Cocktail Name: ....

Type: ....

Ingredients:

....

....

....

....

....

....

....

Garnish: ....

Mixing Method:

....

....

....

....

....

....

....

Glass:

Additional Notes:

....

....

Spirit: ....

Cocktail Name: ....

Type: ....

Ingredients:

....

....

....

....

....

....

....

Garnish: ....

Mixing Method:

....

....

....

....

....

....

Glass:

Additional Notes:

....

....

Spirit: ....

Cocktail Name: ....

Type: ....

Ingredients:

....

....

....

....

....

....

....

Garnish: ....

Mixing Method:

....

....

....

....

....

Glass:

Additional Notes:

....

....

Spirit: ....

Cocktail Name: ....

Type: ....

Ingredients:

....

....

....

....

....

....

Garnish: ....

Mixing Method:

....

....

....

....

....

....

Glass:

Additional Notes:

....

....

Spirit: ....

Cocktail Name: ....

Type: ....

Ingredients:

....
....
....
....
....
....
....

Garnish: ....

Mixing Method:

....
....
....
....
....
....
....

Glass:

Additional Notes:

....
....

Spirit:

Cocktail Name:

Type:

Ingredients:

Garnish:

Mixing Method:

Glass:

Additional Notes:

Spirit: ....

Cocktail Name: ....

Type: ....

Ingredients:

....
....
....
....
....
....
....

Garnish: ....

Mixing Method:

....
....
....
....
....
....
....

Glass:

Additional Notes:

....
....

Spirit: ....

Cocktail Name: ....

Type: ....

Ingredients:

....
....
....
....
....
....
....

Garnish: ....

Mixing Method:

....
....
....
....
....
....
....

Glass:

Additional Notes:

....
....

Spirit: ....

Cocktail Name: ....

Type: ....

Ingredients:

....

....

....

....

....

....

....

Garnish: ....

Mixing Method:

....

....

....

....

....

....

Glass:

Additional Notes:

....

....

Spirit: ....

Cocktail Name: ....

Type: ....

Ingredients:

....
....
....
....
....
....
....

Garnish: ....

Mixing Method:

....
....
....
....
....
....
....

Glass:

Additional Notes:

....
....

Spirit: ....

Cocktail Name: ....

Type: ....

Ingredients:

....
....
....
....
....
....

Garnish: ....

Mixing Method:

....
....
....
....
....
....

Glass:

Additional Notes:

....
....

Spirit: ....

Cocktail Name: ....

Type: ....

Ingredients:

....

....

....

....

....

....

....

Garnish: ....

Mixing Method:

....

....

....

....

....

....

....

Glass:

Additional Notes:

....

....

Spirit: ....

Cocktail Name: ....

Type: ....

Ingredients:

....
....
....
....
....
....
....

Garnish: ....

Mixing Method:

....
....
....
....
....
....
....

Glass:

Additional Notes:

....
....

Spirit: ....

Cocktail Name: ....

Type: ....

Ingredients:

....

....

....

....

....

....

Garnish: ....

Mixing Method:

....

....

....

....

....

....

Glass:

Additional Notes:

....

....

Spirit: ....

Cocktail Name: ....

Type: ....

Ingredients:

....

....

....

....

....

....

....

Garnish: ....

Mixing Method:

....

....

....

....

....

....

....

Glass:

Additional Notes:

....

....

Spirit:

Cocktail Name:

Type:

Ingredients:

Garnish:

Mixing Method:

Glass:

Additional Notes:

Spirit:

Cocktail Name:

Type:

Ingredients:

Garnish:

Mixing Method:

Glass:

Additional Notes:

Spirit: ....

Cocktail Name: ....

Type: ....

Ingredients:

....

....

....

....

....

....

....

Garnish: ....

Mixing Method:

....

....

....

....

....

....

....

Glass:

Additional Notes:

....

....

Spirit:

Cocktail Name:

Type:

Ingredients:

Garnish:

Mixing Method:

Glass:

Additional Notes:

Spirit:

Cocktail Name:

Type:

Ingredients:

Garnish:

Mixing Method:

Glass:

Additional Notes:

Spirit: ....

Cocktail Name: ....

Type: ....

Ingredients:

....

....

....

....

....

....

....

Garnish: ....

Mixing Method:

....

....

....

....

....

....

....

Glass:

Additional Notes:

....

....

Spirit: ....

Cocktail Name: ....

Type: ....

Ingredients:

....

....

....

....

....

....

....

Garnish: ....

Mixing Method:

....

....

....

....

....

....

Glass:

Additional Notes:

....

....

Spirit: ....

Cocktail Name: ....

Type: ....

Ingredients:

....

....

....

....

....

....

....

Garnish: ....

Mixing Method:

....

....

....

....

....

....

....

Glass:

Additional Notes:

....

....

Spirit: ....

Cocktail Name: ....

Type: ....

Ingredients:

....

....

....

....

....

....

Garnish: ....

Mixing Method:

....

....

....

....

....

....

....

Glass:

Additional Notes:

....

....

Spirit: ....

Cocktail Name: ....

Type: ....

Ingredients:

....

....

....

....

....

....

....

Garnish: ....

Mixing Method:

....

....

....

....

....

....

....

Glass:

Additional Notes:

....

....

Spirit: ....

Cocktail Name: ....

Type: ....

Ingredients:

....

....

....

....

....

....

....

Garnish: ....

Mixing Method:

....

....

....

....

....

....

....

Glass:

Additional Notes:

....

....

Spirit: ....

Cocktail Name: ....

Type: ....

Ingredients:

....

....

....

....

....

....

....

Garnish: ....

Mixing Method:

....

....

....

....

....

....

....

Glass:

Additional Notes:

....

....

Spirit:

Cocktail Name:

Type:

Ingredients:

Garnish:

Mixing Method:

Glass:

Additional Notes:

Spirit: ....

Cocktail Name: ....

Type: ....

Ingredients:

....
....
....
....
....
....
....

Garnish: ....

Mixing Method:

....
....
....
....
....
....

Glass:

Additional Notes:

....
....

Spirit:

Cocktail Name:

Type:

Ingredients:

Garnish:

Mixing Method:

Glass:

Additional Notes:

Spirit: ....

Cocktail Name: ....

Type: ....

Ingredients:

....

....

....

....

....

....

....

Garnish: ....

Mixing Method:

....

....

....

....

....

....

....

Glass:

Additional Notes:

....

....

Spirit: ....

Cocktail Name: ....

Type: ....

Ingredients:

....

....

....

....

....

....

....

Garnish: ....

Mixing Method:

....

....

....

....

....

....

Glass:

Additional Notes:

....

....

Spirit: ....

Cocktail Name: ....

Type: ....

Ingredients:

....
....
....
....
....
....

Garnish: ....

Mixing Method:

....
....
....
....
....
....
....

Glass:

Additional Notes:

....
....

Spirit: ....

Cocktail Name: ....

Type: ....

Ingredients:

....

....

....

....

....

....

....

Garnish: ....

Mixing Method:

....

....

....

....

....

....

....

Glass:

Additional Notes:

....

....

Spirit: ....

Cocktail Name: ....

Type: ....

Ingredients:

....
....
....
....
....
....
                                                       ....

Garnish: ....

Mixing Method:

....
....
....
....
....
....
....

Glass:

Additional Notes:

....
....

Spirit: ....

Cocktail Name: ....

Type: ....

Ingredients:

....

....

....

....

....

....

Garnish: ....

Mixing Method:

....

....

....

....

....

....

....

Glass:

Additional Notes:

....

....

Spirit: ....

Cocktail Name: ....

Type: ....

Ingredients:

....

....

....

....

....

....

....

Garnish: ....

Mixing Method:

....

....

....

....

....

....

....

Glass:

Additional Notes:

....

....

Spirit: ....

Cocktail Name: ....

Type: ....

Ingredients:

....
....
....
....
....
....
....

Garnish: ....

Mixing Method:

....
....
....
....
....
....
....

Glass:

Additional Notes:

....
....

Spirit: ....

Cocktail Name: ....

Type: ....

Ingredients:

....

....

....

....

....

....

....

Garnish: ....

Mixing Method:

....

....

....

....

....

....

....

Glass:

Additional Notes:

....

....

Spirit: ....

Cocktail Name: ....

Type: ....

Ingredients:

....
....
....
....
....
....
                                            ....

Garnish: ....

Mixing Method:

....
....
....
....
....
....
....

Glass:

Additional Notes:

....
....

Spirit: ....

Cocktail Name: ....

Type: ....

Ingredients:

....

....

....

....

....

....

....

Garnish: ....

Mixing Method:

....

....

....

....

....

....

Glass:

Additional Notes:

....

....

Spirit: ....

Cocktail Name: ....

Type: ....

Ingredients:

....
....
....
....
....
....
....

Garnish: ....

Mixing Method:

....
....
....
....
....
....

Glass:

Additional Notes:

....
....

Spirit: ....

Cocktail Name: ....

Type: ....

Ingredients:

....

....

....

....

....

....

....

Garnish: ....

Mixing Method:

....

....

....

....

....

....

....

Glass:

Additional Notes:

....

....

Spirit: ....

Cocktail Name: ....

Type: ....

Ingredients:

....
....
....
....
....
....
....

Garnish: ....

Mixing Method:

....
....
....
....
....
....
....

Glass:

Additional Notes:

....
....

Spirit: ....

Cocktail Name: ....

Type: ....

Ingredients:

....

....

....

....

....

....

....

Garnish: ....

Mixing Method:

....

....

....

....

....

....

Glass:

Additional Notes:

....

....

Spirit: ....

Cocktail Name: ....

Type: ....

Ingredients:

....
....
....
....
....
....
....

Garnish: ....

Mixing Method:

....
....
....
....
....
....

Glass:

Additional Notes:

....
....

Spirit: ....

Cocktail Name: ....

Type: ....

Ingredients:

....

....

....

....

....

....

Garnish: ....

Mixing Method:

....

....

....

....

....

....

Glass:

Additional Notes:

....

....

Spirit: ....

Cocktail Name: ....

Type: ....

Ingredients:

....

....

....

....

....

....

....

Garnish: ....

Mixing Method:

....

....

....

....

....

....

Glass:

Additional Notes:

....

....

Spirit: ....

Cocktail Name: ....

Type: ....

Ingredients:

....
....
....
....
....
....
....

Garnish: ....

Mixing Method:

....
....
....
....
....
....
....

Glass:

Additional Notes:

....
....

Spirit:

Cocktail Name:

Type:

Ingredients:

Garnish:

Mixing Method:

Glass:

Additional Notes:

Spirit: ....

Cocktail Name: ....

Type: ....

Ingredients:

....
....
....
....
....
....
....

Garnish: ....

Mixing Method:

....
....
....
....
....
....
....

Glass:

Additional Notes:

....
....

Spirit: ....

Cocktail Name: ....

Type: ....

Ingredients:

....
....
....
....
....
....
....

Garnish: ....

Mixing Method:

....
....
....
....
....
....

Glass:

Additional Notes:

....
....

Spirit: ....

Cocktail Name: ....

Type: ....

Ingredients:

....

....

....

....

....

....

....

Garnish: ....

Mixing Method:

....

....

....

....

....

....

Glass:

Additional Notes:

....

....

Spirit: ....

Cocktail Name: ....

Type: ....

Ingredients:

....
....
....
....
....
....
....

Garnish: ....

Mixing Method:

....
....
....
....
....
....
....

Glass:

Additional Notes:

....
....

Spirit: ....

Cocktail Name: ....

Type: ....

Ingredients:

....

....

....

....

....

....

....

Garnish: ....

Mixing Method:

....

....

....

....

....

....

....

Glass:

Additional Notes:

....

....

Spirit:

Cocktail Name:

Type:

Ingredients:

Garnish:

Mixing Method:

Glass:

Additional Notes:

Spirit: ....

Cocktail Name: ....

Type: ....

Ingredients:

....

....

....

....

....

....

....

Garnish: ....

Mixing Method:

....

....

....

....

....

....

....

Glass:

Additional Notes:

....

....

Spirit: ....

Cocktail Name: ....

Type: ....

Ingredients:

....
....
....
....
....
....
....

Garnish: ....

Mixing Method:

....
....
....
....
....
....

Glass:

Additional Notes:

....
....

Spirit: ....

Cocktail Name: ....

Type: ....

Ingredients:

....

....

....

....

....

....

....

Garnish: ....

Mixing Method:

....

....

....

....

....

....

Glass:

Additional Notes:

....

....

Spirit: ....

Cocktail Name: ....

Type: ....

Ingredients:

....
....
....
....
....
....
....
                                       ....

Garnish: ....

Mixing Method:

....
....
....
....
....
....
....

Glass:

Additional Notes:

....
....

Spirit: ....

Cocktail Name: ....

Type: ....

Ingredients:

....
....
....
....
....
....
....

Garnish: ....

Mixing Method:

....
....
....
....
....
....
....

Glass:

Additional Notes:

....
....

Spirit:

Cocktail Name:

Type:

Ingredients:

Garnish:

Mixing Method:

Glass:

Additional Notes:

Spirit: ....

Cocktail Name: ....

Type: ....

Ingredients:

....
....
....
....
....
....
....

Garnish: ....

Mixing Method:

....
....
....
....
....
....
....

Glass:

Additional Notes:

....
....

Spirit: ....

Cocktail Name: ....

Type: ....

Ingredients:

....

....

....

....

....

....

....

Garnish: ....

Mixing Method:

....

....

....

....

....

....

....

Glass:

Additional Notes:

....

....

Spirit: ....

Cocktail Name: ....

Type: ....

Ingredients:

....

....

....

....

....

....

....

Garnish: ....

Mixing Method:

....

....

....

....

....

....

....

Glass:

Additional Notes:

....

....

Spirit: ....

Cocktail Name: ....

Type: ....

Ingredients:

....
....
....
....
....
....
....

Garnish: ....

Mixing Method:

....
....
....
....
....
....

Glass:

Additional Notes:

....
....

Spirit: ....

Cocktail Name: ....

Type: ....

Ingredients:

....

....

....

....

....

....

....

Garnish: ....

Mixing Method:

....

....

....

....

....

....

....

Glass:

Additional Notes:

....

....

Printed in Great Britain
by Amazon